ION G. PELIVAN

Ancien Député du « Sfatul Tsarii » (Conseil du Pays)
Ancien Ministre
de la République Moldave (Bessarabie)

IV

L'ÉTAT ÉCONOMIQUE

DE LA

BESSARABIE

PARIS

IMPRIMERIE J. CHARPENTIER
70, Avenue des Gobelins, 70

1920

ION G. PELIVAN

Ancien Député du « Sfatul Tsarii » (Conseil du Pays)
Ancien Ministre
de la République Moldave (Bessarabie)

IV

L'ÉTAT ÉCONOMIQUE

DE LA

BESSARABIE

PARIS

IMPRIMERIE J. CHARPENTIER
70, Avenue des Gobelins, 70

1920

ION G. PELIVAN

Ancien Député du « Sfatul Tsarii » (Conseil du Pays)
Ancien Ministre
de la République Moldave (Bessarabie)

IV

L'ÉTAT ÉCONOMIQUE

DE LA

BESSARABIE

PARIS

IMPRIMERIE J. CHARPENTIER
70, Avenue des Gobelins, 70

1920

BIBLIOGRAPHIE

LACHCOFF (N. V.) « La Bessarabie au centenaire de son annexion à la Russie 1812-1912 », Kichinew 1912.

LACHCOFF (N. V.) « Le centenaire de la Bessarabie » Kichinew 1912.
Le Comité provincial statistique de la Bessarabie: « Un compte rendu sur la Bessarabie pour l'année 1912 » ; Kichinew 1913.
Les ouvrages de la *Commission archivale savante de Bessarabie* : tome III ; Kichinew 1907.

MOGHILEANSKY (N. C.) Matériaux pour la statistique et la géographie de la Bessarabie ; Kichinew 1913.

MOGHILEANSKY (N. C.) La production des céréales en Bessarabie ; Kichinew 1914.

P. P. SEMENOFF-TIAN-CHANSKY « La Russie ; la Nouvelle Russie et la Crimée, tome XIV, Petersbourg, 1910.

POUR TENIR LIEU DE PRÉFACE

1° La Bessarabie peut être appelée la Terre promise.

Soumarocof (1799).

2° La Bessarabie est un beau pays.

P. Tchitchiagoff (1812).

3° La Bessarabie, cette province d'or...

Alexandre Ier (1818).

4° Les plaines fertiles de la Bessarabie sont parsemées de fleurs qui, chez nous (en Russie), ne poussent que dans les jardins.

Mihailovsky-Danilevsky (1818).

5° La Bessarabie est un immense tapis vert parsemé de fleurs qui s'étend à perte de vue.

Vighel (1823).

6° Aucune des provinces qui fait partie du corps de l'empire russe ne se distingue par une plus grande richesse en produits naturels, par un climat plus parfait et par une situation géographique plus heureuse que la Bessarabie.

A.-N. Egunoff (1860).

7° Si vous êtes attiré vers le Rhin ou l'Elbe, mais le Dniester est plus près, allez au Dniester, qui est le vrai charme, le vrai paradis.

Dedloff, *Autour de la Russie.*

Les appréciations qui précèdent suffisent amplement à faire comprendre pour quelle raison « nos chers Alliés » les Russes ne peuvent reconnaître l'union de la Bessarabie à la mère-patrie, la Roumanie.

L'AUTEUR

CHAPITRE PREMIER

La superficie de la Bessarabie; la terre labourable.

La superficie totale de la Bessarabie est de 4.176.461,8 desetines ou 40.096,6 verstes carrées (1), y compris les rivières et les lacs (2), (la verste = 1,067 km et la desetine = 1,092 ha). 3.834.824 desetines de cette superficie sont des terres labourables (3), dont 2.319.770 desetines de terrain seulement sont cultivées.

Cette terre labourable appartenait en 1909 :

1) aux paysans	1.864.023 desetines	= 48,6 %
2) à la propriété privée.	1.656.109 »	= 43,2 %
2) à l'État, à l'Église, aux couvents et autres institutions.	314.692 »	= 8,2 %
Total	3.834.824 desetines (4)	

D'après les districts, la terre labourable se divise de la façon suivante :

1) District de Akerman	723.892	desetines	18,8 %
2) »	Ismail et Cahul.	641.421	»	16,9 %
3) »	Bender	535.114	»	14,0 %
4) »	Baltzi	487.828	»	12,7 %
5) »	Soroca	404.271	»	10,5 %
6) »	Kichinev	364.660	»	9,5 %
7) »	Orhei.	341.526	»	8,9 %
8) »	Hotin.	336.112	»	8,7 %
	Total. . . .	3.834.824 (5)		100 %

---

(1) Lascof, page 7.

(2) Moghileansky « Matériaux de statistique et de géographie de la Bessarabie », page 8.

(3) Lascof, page 75.

(4) Lascof, page 76.

(5) Lascof, page 75.

CHAPITRE II

L'agriculture et ses différentes branches

1) Le terrain cultivé et la production des céréales.

D'après les données du Comité central de statistique de Pétrograd pour les années 1902-1911, la moyenne du terrain ensemencé avec des céréales a été de 2.126.446 desetines. En 1911, 2.246.579 desétines de terre ont été ensemencées (1).

D'après les mêmes données officielles pour les années 1902-1911, la superficie de 2.126.446 desetines a donné une récolte moyenne de 120.088.500 pouds et, en 1911, la récolte sur 2.246.597 desetines a été de 160.309.900 pouds (le poud = 16.380 kgr (2).

Le tableau suivant nous donne des chiffres précis sur la superficie de terre cultivée ainsi que sur la récolte des céréales les plus importantes.

a) Pour l'année 1911 et b) la moyenne pour 1902-1911.

(La surface est comptée en desetines (1 desetine = 1,092 ha) et la récolte en pouds).

Nature des céréales		Année 1911	La moyenne pour 1902-11
Maïs	Surface .	705.965 des.	645.481 des.
	Récolte .	66.092.400 pouds	40.523.700 pouds
Orge	Surface .	588.635 des.	489.250 des.
	Récolte .	40.882.500 pouds	27.013.300 pouds
Blé d'automne et d'été	Surface .	675.990 des.	719.815 des.
	Récolte .	35.707.800 pouds	36.343.500 pouds
Seigle d'automne et d'été	Surface .	199.507 des.	193.716 des.
	Récolte .	11.513.300 pouds	11.149.500 pouds
Avoine	Surface .	64.113 des.	66.575 des.
	Récolte .	5.260.500 pouds	4.502.500 pouds
Autres céréales : millet, sarrazin, petits pois, lentilles, fèves, pommes de terre, pois chiche, pavot, etc., etc.	Surface .	12.387 dés.	11.609 des.
	Récolte .	852.400 pouds	556.000 pouds
Total	Surface .	2.246.597 des.	2.126.446 des
	Récolte .	160.309.900 pouds	120.088.500 pouds
Moyenne d'une desetine		71.3 pouds	56.5 pouds (3)

(1) Moghileansky « La Production des céréales en Bessarabie », page 32.
(2) Moghileansky « La Production des céréales en Bessarabie », page 77.
(3) Moghileansky « Production » p. 77.

LA PRODUCTION DES CÉRÉALES EN POUDS ET LEUR VALEUR EN 1910

Le tableau suivant montre l'étendue de terre cultivée et la production des céréales les plus importantes exprimée en pouds et en roubles (1).

Céréales	Désétines	Pouds	Poudes par une désétine	Roubles	Rouble par désétine	Prix d'un poud en kopeks	
Maïs .	627.019	59.170.300	94.4	42.247.594	67.40	71.4	à Odessa
Orge .	545.970	34.532.100	63.2	22.445.865	41.08	65	en Bessarabie
Blé. .	728.803	45.274.800	57.5	49.349.532	62.67	1.09	
Seigle.	216.795	16.948.300	76.7	13.558.640	61.36	80	
Avoine	59.571	4.420.800	74.2	3.978.720	66.18	90	
Autres	9.960	6.644.500	60.4	372.521	34.91	57.8	
Total .	2.188.118	160.990.800		131.952.872			

PRODUCTION DES CÉRÉALES EN 1912

D'après « le compte rendu ».du Comité de statistique bessarabien pour l'année 1912, IIe partie. page 2-4-63.

Nature des céréales	Etendue en desétines de la terre cultivée	Quantité de la production en poudés
Maïs.	733.554	54.568.400
Blé d'automne	457.484	24.568.000
Blé d'été.	241.015	7.725.000
Seigle d'automne. . . .	184.550	10.702.200
Seigle d'été	4.683	249.700
Orge d'automne	637.979	34.988.200
Orge d'été	1.501	100.400
Avoine	76.627	5.291.400
Millet	3.363	155.400
Petits pois.	4.888	331.900
Lentilles	1.279	50.800
Pommes de terre. . . .	15.743	6.816.800
Fèves	3.561	285.800
Sarrasin.	388	32.800
Chanvre (semence). . .	5.490	294.726
Chanvre (filaments) . .	»	309.523
Lin (semence).	8.282	419.704
Lin (filaments).	»	415.529
Total de la production. .	2.380.387	147.306.282

(1) Moghileansky, « la Production », page 77 ; « Matériaux », pages 112 et 128.

LE FOIN EN 1912

L'étendue des prairies. . . . .   69.963 desetines
La quantité de foin. . . . . .   10.538.016 pouds (1)

LA PAILLE EN 1912

1) de blé d'hiver	31.007.207	pouds
2) de blé d'été	9.027.936	»
3) de seigle d'hiver.	13.251.349	»
4) de seigle d'été	325.106	»
5) d'avoine.	5.721.606	»
6) d'orge d'été	32.427.187	»
7) d'orge d'hiver.	91.061	»
8) de maïs	64.905.302	»
9) de millet.	197.189	»
10) de sarrasin.	30.421	»

Total de la paille. . .   156.982.364 pouds (2)

LA PRODUCTION DE LA BESSARABIE EN 1915 ET LA MOYENNE POUR 1911-1915

(D'après les dates du Comité bessarabien de statistique de 1916).

Nature des produits	Etendue en desétines du terrain cultivé.		Quantité de la production en million de pouds.	
	1915	Moyenne 1911-1915	1915	Moyenne 1911-1915
Maïs.	633.380	697.254	43.166,3	54.885,4
Blé d'automne. .	426.992	454.419	24.016,3	25.576
Blé d'été. . . .	148.970	211.460	6.354,2	8.313,6
Seigle d'automne.	147.700	171.824	8.645,7	10.184,8
Seigle d'été. . .	7.067	6.097	422,5	343,9
Orge.	718.135	676.547	36.735,7	38.788,6
Avoine.	66.606	69.182	4.340,0	4.927,9
Autres produits : lin, pommes de terre, chanvre, millet, petits pois, etc.	80.042	13.967	7.552,0	20.875,8
Total général . .	2.228.892	2.300.750	131.232,7	143.896,0

(1) « Compte rendu », IIe partie, page 67.

(2) « Compte rendu », IIe partie, pages 7, 11, 15, 19, 23, 27, 31, 35, 39, 43.

LA QUANTITÉ DES CÉRÉALES NÉCESSAIRES A L'ENSEMENCEMENT DES TERRES AINSI QU'A L'APPROVISIONNEMENT DE LA POPULATION L'EXCÉDENT

Selon Moghileansky (1), on a employé en 1911 :

a) Pour l'ensemencement de toutes sortes de céréales : 14.000.200 pouds, c'est-à-dire 8,8 % du total de la récolte.

b) Pour l'approvisionnement de la population : 49.926.300 pouds, c'est-à-dire 31,1 %.

c) Il est donc resté pour la mise en vente : 96.383.400 pouds, c'est-à-dire 60,1 %.

La moyenne en pouds pour les années 1902-1911 est la suivante :

a) Pour l'ensemencement : 13.134.900 pouds, c'est-à-dire 10,9 %.

b) Pour l'approvisionnement de la population : 46.834.600 ou 39 %.

c) Pour la vente (excédent) : 60.119.000 ou 50,1 %.

L'excédent des céréales est en partie exporté ou transformé en farine ou enfin employé dans les fabriques d'alcool et de bière.

____

(1) « La Production », page 81.

CHAPITRE III

Cultures spéciales

En dehors de la culture des céréales, on pratique encore en Bessarabie d'autres cultures dont les plus importanres sont : la viticulture, l'arboriculture, l'élevage du bétail, la culture du tabac, le jardinage, la culture des betteraves, la pêche, l'apiculture et la sériciculture.

1) *La Viticulture.*

D'après les données du comité central de statistique de Pétrograd (le journal annuel de 1909, page 117), la viticulture occupait en 1909 en Bessarabie un terrain de 90.000 désetines, et chaque désetine avait environ 1000 ceps, ce qui donnait un total de 90.000.000 ceps de vigne.

D'après M. Lascof, la moyenne de la récolte du vin en Bessarabie pour les années 1899-1900 était de 12.480.000 vedres (une vedro= 12.290 litres) et en 1910-1911 la récolte atteignait le chiffre de 18.000.000 vedres de vin (1).

En ce qui concerne la quantité de raisin de table, Lascof évalue d'après les statistiques des chemins de fer bessarabiens seulement la quantité exportée à 4 - 5.000.000 pouds (2) pour l'année 1910.

En dehors de différentes sortes de raisin français ou en général étranger on cultive encore en Bessarabie des espèces de raisin indigène comme la plavaia (blonde), mustoasa (juteuse), rara-neagra (rare noire), busuioaca (raisin muscat), etc.

30% de toute la quantité de vin produit en Bessarabie est employé pour la consommation intérieure, et le reste de 70% est exporté (3).

D'après les derniers résultats des analyses, les vins naturels de la Bessarabie contiennent un *maximum* d'alcool de $11,90\%$ les vins

(1) Lascof, page 98.
(2) Lascof, pages 101-102.
(3) Lascof, page 102.

noirs et de 9,15 % les vins blancs et un *minimum* de 6,14 % pour les noirs et 6,74 % pour les blancs (1). Le prix des vins est malheureusement très réduit à cause des très mauvaises conditions de vente et d'exportation.

D'après les dates officielles, les prix des vins en Bessarabie étaient pour 1910 approximativement les suivantes (2) :

Pour le vin, 1 rouble 69 copeks la vadra.

Pour le raisin, 1 rouble 51 copeks le poud.

Mais les meilleurs vins comme par exemple ceux du bourg Saba ou des vignobles de M. Cristi (à présent appartenant à l'Etat), de M. Ianovsky, etc., sont plus chers, et la vadra de vin arrive à 15-20 roubles (3).

La viticulture est la plus répandue dans le district de Cetatea Alba (Akkerman) (57,6 %) et Orhei (18,2 %). Les vignobles d'Ackerman, Turlakhi, Popusoiù, Saba, Purcari, Rascaieti, Comrat (district de Bender), Ciadirlunga (Bender), Bolgrad, Khilia, Reni, Cahul, Telesau (district d'Orhei), Peresecina (Orhei), Straseni, Cojusna, Durlesti, Truseni, Costesti (district de Kichinew) sont très réputés.

Les paysans qui forment la majorité des viticulteurs ne se sont pas encore appropriés les moyens techniques modernes, mais travaillent la vigne d'après les coutumes de leurs ancêtres. Ce n'est que dernièrement qu'on peut remarquer quelque amélioration, quelque progrès (4).

2) *L'Arboriculture*.

D'après les données officielles, l'arboriculture comprend en Bessarabie une étendue de 41.000 desetines (5). On y cultive des pommes, des poires, des noix, des pêches, des abricots, des prunes, surtout des prunes noires, des cerises sûres, des cerises, des coings, des cornouilles, etc.

Il nous manque des indications précises sur la production totale de l'arboriculture en Bessarabie.

En 1909, existaient 4032 fabriques de fruits secs qui ont donné

(1) Lascof, page 103.
(2) Moghileansky « Matériaux », page 116.
(3) Lascof, page 103.
(4) Lascof, pages 99, 102, 103.
(5) Lascof, page 94 ; Moghileansky « Matériaux », page 117.

pour la même année 1.067.600 pouds de différents fruits secs. En 1908, il y eut 1.821.600 pouds (1).

D'après les indications de la statistique des chemins de fer bessarabiens, on a exporté pour les années 1901-1910 une moyenne de :

1) Pommes	140.000	pouds
2) Poires	48.000	»
3) Noix.	196.000	»
4) Abricots, pêches, pommes	121.000	»
5) Prunes sèches	582.000	»
Total.	1.087.000 pouds (2)	

D'après le compte rendu du comité bessarabien de statistique de 1912, page 70, l'état de l'arboriculture bessarabienne en 1911-1912 peut s'exprimer par les chiffres suivants :

Années	Nombre des vergers	Leur étendue en desetines	Récolte totale en pouds	Nombre des usines de fruits secs	Quantité des fruits secs
1911	41.816	28.139	1.937.412	2563	670.546 pouds
1912	49.059	30.443	6.103.999	775	453.000 »

Ces derniers temps, l'arboriculture a pris un grand essor en Bessarabie.

3) *Le Jardinage et les Jardins potagers.*

On cultive plusieurs légumes en Bessarabie, surtout des oignons, des tomates, des aubergines, des carottes, du chou, des piments, du chou-fleur, de l'ail, des radis, de la moutarde, des épinards, de la salade, du poireau, des choux raves, des petits pois, des haricots, des pommes de terre, des citrouilles, des courges, des concombres, des melons, des pastèques, de l'héliotrope, etc.

D'après Lascof (3), le nombre des jardins potagers et des melonnières était arrivé en 1909 à 68.000 sur une étendue de 32.959 desetines.

Ce sont surtout les Bulgares qui s'occupent du jardinage.

En moyenne, une desetine de jardin potager rapporte en temps normal un bénéfice de 1000 roubles. Les Lipovans s'occupent surtout des melonnières.

D'après le « compte rendu » de la Commission bessarabienne de

---

(1) Lascof, page 94.
(2) Moghileansky « Matériaux », page 117.
(3) Lascof « La Bessarabie », page 92.

statistique, page 70, le nombre et l'étendue des potagers et des melonnières étaient :

Années	Nombre des jardins potagers	Etendue en desetines
1911 . . .	78.218	16.247
1912 . . .	54.695	18.052

4) *La Culture des betteraves.*

Pour 1901-1910, on a planté, d'après les données statistiques officielles 1156,8 desetines de betteraves comestibles et 2532,1 desetines de betteraves à sucre (1).

La moyenne de la récolte est de 890 pouds pour une désetine.

Il n'y a qu'une fabrique de sucre en Bessarabie dans la commune de Zarojeni, district de Hotin.

On plante en Bessarabie plus de 5000 désetines de betteraves pour les fabriques de sucre de Podolie.

5) *La Culture du tabac.*

Jusqu'en 1882, la culture du tabac était assez développée en Bessarabie et rapportait à la population un revenu important.

Dans la période de 1860-1870, on plantait du tabac sur une surface moyenne de 10.000 desetines qui produisaient environ 500.000 pouds de tabac (2). Dans la période de 1901-1910, on cultivait une moyenne de 2882 désetines seulement sur 5882 plantations qui produisent une moyenne de 143.206 pouds de tabac (3).

En 1906-1909, il y avait 4 fabriques de tabac et en 1910 seulement 2 (4).

Le prix du tabac dépendait de sa qualité et variait de 1-15 roubles le poud.

Parmi les espèces les plus cultivées, on peut citer le varatec (estival) et le oungouchete bessarabien (5).

Si la culture du tabac a beaucoup baissé en Bessarabie, il faut en chercher la raison selon M. Lascof, dans les différentes maladies qui ont touché la plante ainsi que dans la loi de 1882 sur le tabac qui empêchait la vente au détail et obligeait les cultivateurs à vendre leur récolte seulement aux propriétaires des dépôts et des fabriques de

---

(1) Moghileansky, « Matériaux », page 108.
(2) Lascof, « La Bessarabie », page 107.
(3) Moghileansky « Matériaux », page 118.
(4) Moghileansky « Matériaux », page 118.
(5) Moghileansky « Matériaux », page 118.

cigarettes. De cette manière, les dépositaires et les fabricants en majorité des juifs ayant le monopole du tabac ont commencé eux-mêmes à s'occuper de la culture du tabac et se sont emparés de presque 2/3 des plantations; de cette manière, quelques milliers de familles paysannes furent privées d'une occupation qui leur rapportait la spéculation du tabac et a eu les plus tristes conséquences (1).

Tout d'abord :

a) Elle a fait baisser la culture du tabac.

b) La concurrence étant arrêtée, la qualité du tabac s'en est ressentie.

c) Elle a provoqué une baisse de prix même pour les meilleures sortes de tabac (2).

Mais nous avons des raisons de croire que ces temps derniers les cultivateurs ont de nouveau commencé à s'intéresser à ce genre de culture.

6) *L'Apiculture.*

Quoique la technique de l'apiculture soit assez primitive en Bessarabie, en dehors de quelques petites exceptions, elle est tout de même développée.

D'après les données du Comité central de la statistique de Pétrograd, il y a eu en Bessarabie 3765 ruchers avec 58.306 ruches(3).

En 1910, on a vendu 15.071 pouds de miel et 3175 pouds de cire (4).

Les prix en 1910 étaient de 7,15 roubles le poud de miel, et 23,35 roubles le poud de cire (5).

D'après Lascof, le revenu général des apiculteurs est arrivé en 1909 à 230.000 roubles (6).

7) *La Sériciculture (soieries).*

La culture des vers à soie est peu répandue dans le pays.

D'après M. Lascof (7), en 1909, 2308 personnes se livraient

---

(1) Lascof, page 108.
(2) Lascof, page 108.
(3) Moghileansky, « Matériaux », page 128.
(4) Ibidem.
(5) Ibidem.
(6) Lascof, page 114.
(7) Ibidem, page 109.

en Bessarabie à cette occupation; il y avait 138 plantations avec 58.059 mûriers, et on éleva 12.500 pouds de cocons qui ont donné 280,6 pouds de soie. En 1911, d'après « le compte rendu » du Comité bessarabien de statistique, pp. 80-81, la Bessarabie avait *14 plantations* avec 191.900 mûriers où on éleva 1984 pouds de cocons qui ont produit 585,1 pouds de soie.

Dernièrement, on a pu remarquer un plus grand essor de cette culture,

8) *La Pêche.*

D'après Moghileansky (1), la pêche se fait dans le Danube, le Dniester et le Prouth, ainsi que dans les lacs et les marais (surtout ceux voisins du Danube).

Vers 1850-60, la Bessarabie exportait presque 300.000 pouds de poissons et presque 2500 pouds de caviar frais (2). Les centres les plus importants de l'exportation du poisson sont : le bourg Vălcov, la ville Ismail et la petite ville Chilia-Noua.

A Vălcov, plus de 2000 habitants s'occupent de la pêche. On y prend annuellement environ 400.000 poudes de poisson frais (esturgeon, - morue, sevruga (stellalus), Schipa (Glaber), sterlet (rutenus), et quelques millions de pouds de harengs du Danube (3). Il nous manque des données précises sur d'autres lieux de pêche, mais on sait que dans le bras danubien de Kilia se trouvent beaucoup de poissons ainsi que dans les lacs Sabolat, Ialpuch et les marais du Dniester. Rien que pour l'affermage des lacs danubiens, on paie au propriétaire (le lycée de Bolgrad) 70.000 roubles (4).

Les sommes mises en circulation par le commerce du poisson ont dépassé en 1910 en Bessarabie 2.000.000 roubles (5).

Le poisson le plus répandu dans le commerce est : le corassin, la carpe, le brochet, l'esturgeon, la morue, le sandre, le hareng, l'ombre de mer, les écrevisses, etc.

Malgré cela, la pêche est encore très mal organisée en Bessarabie, mais c'est une branche qui promet de très riches revenus à l'avenir.

---

(1) Moghileansky, « Matériaux », page 36.
(2) Lascof, page 115.
(3) Lascof, page 116.
(4) Lascof, page 116.
(5) Lascof, page 117.

9) *L'Elevage.*

Au commencement du dix-neuvième siècle, l'élevage était très florissant, mais avec le développement de l'agriculture et la disparition des herbages a baissé sensiblement. Pour l'année 1909, la statistique de la Direction vétérinaire russe atteste pour la Bessarabie un total de 2.719.374 bêtes (1). Les troupeaux de brebis occupent la première place.

a) En 1909, il y avait en Bessarabie 1.334.671 brebis et 24.166 chèvres, en tout 1.358.837 têtes. Sur ce nombre, 135.537 ont été tuées et 35.209, excepté les agneaux, ont été exportées. Cette année, on a eu plus de 200.000 pouds de laine. Le lait des brebis est employé à la fabrication du fromage frais et du cascaval, sorte de port-salut (2).

b) *Bêtes à cornes.* D'après les données du Zemstvo provinciale, il y avait en 1909 dans toute la Bessarabie 537.533 bœufs et 162 buffles (3). Les races les plus importantes et les plus répandues sont : la race moldave, ukrainienne et balkanique.

En 1909, dans 59 abattoirs ont été tuées 80.180 bêtes, 59.415 ont été exportées ainsi que 64.276 peaux.

Dans la période de 1888 à 1909, le nombre des bêtes à cornes a diminué d'un tiers (4).

c) *Les chevaux.* Dans les dernières 20-30 années, le nombre des chevaux a sensiblement augmenté à cause de la tendance visible qu'ont les paysans de remplacer les bœufs par des chevaux.

La Bessarabie possédait en 1909, 415.357 chevaux, 1080 ânes et 3207 mulets (5).

Récemment encore, il y avait en Bessarabie 95 haras, en 1909 35 seulement dont les plus connus sont ceux de M. Calmutzky, Teodosiou, Leonard, Gore, Rascanu, Ciolac, A. Ruso, Badarau, Sourouceanou, etc... Le meilleur haras de chevaux de courses est aujourd'hui celui de M. L.-A. Russu, qui a gagné aux différentes courses en Russie en 1896-1911 plus de 400.000 roubles (6). Le cheval de course est arrivé à 8000 roubles.

d) *Les porcs.* L'élevage des porcs en Bessarabie avait un caractère plutôt commercial. Dans les grandes porcheries, l'ancienne race de

---

(1) Lascof, page 117.
(2) Lascof, pages 111-120, Moghileansky, « Matériaux », page 125.
(3) Lascof, page 121.
(4) Lascof, pages 121-124.
(5) Lascof, page 127.
(6) Lascof, page 127.

porcs moldaves est remplacée par les races de Iorkchire, Bekchire, la race hongroise. etc.

Le nombre des porcs atteignait en 1910 le chiffre de 474.853 têtes (1).

En 1909 ont été tués 22.050 porcs et 35.531 ont été exportés (2).

Le Comité bessarabien de statistique (un compte rendu sur la Bessarabie, page 74-75) donne pour les années 1911 et 1912 le tableau suivant de l'élevage du bétail en Bessarabie :

Années	Chevaux	Porcs	Buffles	Bêtes à cornes	Mulets	Anes	Brebis	Chèvres
1911.	448.419	465.174	127	500.559	3656	1535	1.381.002	26.895
1912.	477.105	544.222	137	562.388	3045	1881	1.517.080	29.488

e) *La basse-cour*. D'après les indications officielles de 1910, la volaille atteignait 2.985.800 têtes (3), dont 2.120.400 poules, 427.500 oies, 340.800 canards et 97.100 dindes. Ces chiffres sont naturellement loin de correspondre avec la réalité, et il faut compter au moins le double ou le triple (4).

Avant la guerre mondiale, on exportait quelques centaines de millions d'œufs.

DISTRIBUTION DES FORÊTS PAR DÉPARTEMENTS (5)
EN 1909-1910

Départements	Surface en désétines	o/o de la superficie totale des forêts
1. Kichinev.	55.263,03	23,62 %
2. Orhei	49.849,08	21,29 %
3. Baltzi	20.746,70	8,83 %
4. Soroca.	18.163,11	7,72 %
5. Hotin.	44.188,27	18,89 %
6. Bender	19.943,79	8,55 %
7. Akkerman	5.658,0	2,40 %
8. Ismail et Cahul. . . .	20.409,97	8,71 %
Total. . . .	234.221,95	100

(1) Moghileansky, page 126.
(2) Lascof, page 131.
(3) Moghileansky, page 127.
(4) Lascof, page 132.
(5) Ibidem, page 31.

LA DIVISION DES TERRES EN DIFFÉRENTES CATÉGORIES, HORS LES DÉPARTEMENTS ISMAIL ET CAHUL, EN 1901-1910 (1)

Départements	La terre productive en desetines (2)						PRAIRIES												Terres stériles en desetines	To[tal] des [terres] en dese[tines]
	Cours	Vergers	Vignobles	Potagers	Paturages	Terre arable	Sur aluvion	Sur abrupts	Marais	Forêts	Forêts aménagées	Forêts taillées	Buissons	Roseaux	Saules (Arbustes marais)	Autres terres	Total		
Hotin	17233,2	1673,6	152,1	485,8	17912,4	220438,9	3947,1	3752,5	527,8	32051,2	2509,8	116,5	261,0	278,5	612,6	533,0	302486,0	11758,2	314…
%	5,7	0,5	0,1	0,2	5,9	72,9	1,3	1,2	0,2	10,6	0,8	0,0	0,1	0,1	0,2	0,2	96,2	3,8	
Baltzi	10579,0	2163,2	5919,4	606,6	97689,7	308702,6	5276,5	23523,9	260,2	20731,7	4,0	140,7	471,6	1613,9	165,1	5,5	477853,6	15692,0	493…
%	2,2	0,4	1,2	0,1	20,4	64,5	1,1	5,3	0,1	4,3	0,0	0,0	0,1	0,3	0,0	0,0	96,8	3,2	
Soroca	11874,2	1137,1	1923,8	325,9	23286,0	321905,3	727,1	2908,3	168,3	14608,0	381,7	64,0	135,5	470,5	64,5	16,7	379996,9	12107,4	392…
%	3,1	0,3	0,5	0,1	6,1	84,7	0,2	0,8	0,1	3,9	0,1	0,0	0,0	0,1	0,0	0,0	96,9	3,1	
Orhei	9669,9	4237,0	13660,2	556,2	25331,2	251798,2	6649,4	2803,4	135,5	45709,5	0,9	1,4	464,2	1365,0	54,1	12,0	362448,1	9014,1	371…
%	2,7	1,2	3,8	0,1	7,0	69,5	1,8	0,8	0,0	12,6	0,0	0,0	0,1	0,4	0,0	0,0	97,6	2,4	
Chisinau	8539,1	6610,5	18795,1	403,9	34270,7	193846,7	4528,9	2857,7	79,7	50264,4	132,0	135,5	966,6	389,6	22,1	»	321842,5	7170,0	329…
%	2,7	2,1	5,8	0,1	10,6	60,2	1,4	0,9	0,0	15,6	0,1	0,1	0,3	0,1	0,0	»	97,8	2,2	
Bender	9980,8	1562,0	15077,5	189,6	117821,3	331649,8	2166,8	1863,3	269,8	19459,1	278,4	641,7	686,4	988,2	41,7	216,6	502893,0	14749,7	517…
%	2,0	0,3	3,0	0,0	23,4	66,0	0,4	0,4	0,1	3,9	0,1	0,1	0,1	0,2	0,0	0,0	97,2	2,8	
Ackermann	15312,4	419,4	26364,9	1814,7	165452,5	490830,2	1190,0	617,0	14,0	6622,3	13,2	1288,8	114,5	9900,4	158,7	10,0	720123,0	18869,8	7389…
%	2,1	0,1	3,6	0,2	23,0	68,2	0,2	0,1	0,0	0,9	0,0	0,2	0,0	1,4	0,0	0,0	97,4	2,6	
Total des 7 Départem.	83188,6	17802,8	81893,0	4382,7	481763,8	2119171,7	24485,8	38326,1	1455,3	189446,2	3320,0	2388,6	3099,8	15006,1	1118,8	793,8	3067643,1	89361,2	31570…
%	2,7	0,6	2,7	0,2	15,7	69,1	0,8	1,2	0,1	6,2	0,1	0,1	0,0	0,5	0,0	0,0	97,2	2,8	1

(1) Moghileansky « Matériaux » p. 107.

(2) 1 desetine = 1.092 hectares.

CHAPITRE IV

Métiers et professions

Récemment encore, la population rurale de la Bessarabie fabriquait seule tout ce dont elle avait besoin pour son ménage.

Mais dernièrement à cause du manque de connaissances techniques et à cause de la baisse des prix des produits industriels, les métiers ont commencé à disparaître à la campagne.

Plus de 12.000 hommes pourtant de la population rurale s'occupent encore des différentes branches de l'industrie ménagère.

Les métiers les plus importants sont : 1° la poterie ; 2° la maçonnerie ; 3° la taillanderie ; 4° le tissage et la fabrication des tapis ; 5° la teinturerie ; 6° la couture ; 7° la pelleterie ; 8° la tabletterie ; 9° la menuiserie ; 10° la charronnerie et la carrosserie ; 11° la tonnellerie ; 12° la vannerie ; 13° la fabrication des balais ; 14° la fabrication des nattes de jonc et de paille (1).

Huit écoles de métiers fonctionnent en Bessarabie. Les métiers les plus répandus sont : la poterie, le tissage et la fabrication des tapis.

La population tire un bénéfice assez important du sous-sol par l'exploitation du granit et du silex dans le district de Soroca au bord du Dniester, des carrières de pierre et du phosphate pour l'engrais de terre (district de Hotin), ainsi ue de l'argile (terre glaise) pour la poterie.

(1) Lascof, page 135.

CHAPITRE V

L'industrie

D'après M. Lascof (1), il y avait en Bessarabie, en 1858, 435 fabriques et usines avec une valeur totale de production de 918.245 roubles. En 1910, le nombre des fabriques, des usines et des autres entreprises industrielles est arrivé à 6941, ayant 8612 ouvriers et une valeur totale de production de 10.831.000 roubles.

Les grandes et les petites entreprises industrielles avaient en 1910 les ramifications suivantes :

1) *La Meunerie.*

La meunerie est représentée en 1910 par 6198 moulins avec 7835 installations réparties de la façon suivante :

Moulins à grande installation			17
»	»	vapeurs	67
»	»	eau	698
»	»	chevaux	299
»	vent		4535

Tous ces moulins peuvent moudre journellement une moyenne de 375.064 boisseaux de grains, 4231 ouvriers y travaillent.

La valeur totale de la production s'élève à 6.026.644 roubles (2).

2) *Fabriques de nouilles.*

La valeur totale de leur production s'élève à 92.000 roubles.

3) *Fabriques d'alcool, eau-de-vie, cognac, bière, etc., et boissons spiritueuses de fruits.*

a) Les fabriques d'eau-de-vie ont produit en 1909 une quantité de 973.394,5 vedres (3) d'eau-de-vie à 40° et le total de la production s'est élevé à 816.263 roubles.

---

(1) La Bessarabie, page 139.
(2) Lascof. La Bessarabie, page 140.
(3) 1 vedre = 12.290 litres.

b) 2 fabriques de cognac avec une production de 27.235 vedres donnant une valeur totale de 194.794 roubles.

c) 4 fabriques de boissons spiritueuses extraites des fruits et du raisin existent, qui ont fabriqué 43.093 vedres d'alcool.

d) 1 fabrique de levure.

e) 12 fabriques de bière, qui ont produit 491.400 vedres pour la somme de 337.000 roubles.

4) *Raffineries*

Il existe une seule raffinerie dans la commune Zarojani (dictrict de Hotin), qui produit 61.028 pouds de sucre en valeur de 718.380 roubles.

5) *Fabriques de tabac.*

Il y a 4 fabriques de tabac avec une production générale de 1780,5 pouds de produits de tabac et de cigarettes de 155.000 roubles.

6) *Brûleries.*

Il y a 235 brûleries.

7) *Les Pâtisseries.*

Il y en a 41 avec 158 ouvriers ayant une production en valeur de 459.960 roubles.

8) *Fabriques de conserves de poisson.*

Il y en a une seule dans la commune de Budakhi, district de Cetatea-Alba (Ackerman).

Il y a 9 poissonneries avec 1.126 pêcheurs et une production totale de 210.400 roubles.

9) *Fabriques d'eaux minérales et gazeuses.*

Il y en a 15 avec une production de 15.000 roubles.

10) *Sauneries.*

Les sauneries sont réunies dans le district d'Ismail où se trouvent les lacs salés de Hadji-Ibrahim, Burnas, Saganul le petit et Curudiol. Jusqu'en 1826, on retirait annuellement environ 5.000.000 pouds de sel. Après cette date la production a sensiblement baissé à cause du monopole.

En 1910 on a fabriqué seulement 307.822 pouds de sel.

Cette branche apporterait un grand bénéfice au pays si elle était encouragée,

11) *Usines métallurgiques.*

a) 3 fabriques pour les machines et les outils agricoles ayant 112 travailleurs et une somme totale de production de 53.400 roubles.

b) 4 fonderies de fonte avec un produit de 66.203 roubles.

c) 1 fabrique de fer blanc (ferblanterie) avec une production de 4.000 roubles.

12) *Fabriques et ateliers de carosserie.*

Le produit total est de 38.000 roubles.

13) *Ateliers pour les travaux des produits animaux*

a) 3 tanneries avec un produit total de 3.740 roubles.

b) 8 fabriques de savon avec une production totale de 62.100 roubles.

c) 2 fabriques de cierges où l'on a fabriqué une quantité de 11.800 pouds de cierges, pour la somme de 500.000 roubles.

d) 2 fabriques de couleurs de cire avec un produit de 11.000 roubles.

14) *Fabriques de boiseries.*

a) 6 fabriques de bois de construction, avec un produit de 13.400 roubles.

b) 3 tabletteries avec un produit de 24.000 roubles.

c) 6 fabriques de meubles. La production d'une seule d'entre elles est de 96.000 roubles. Les données nous manquent pour les autres.

d) 13 tonneleries et charronneries avec un produit de 90.000 roubles.

15) *Ateliers de produits chimiques* (verni, lac, couleurs)

Il y en a 7. La production est de 70.000 roubles.

16) *Ateliers pour les travaux des produits minéraux.*

a) 2 ateliers pour le travail des pierres (granit et marbre), avec une production de 10.000 roubles.

b) 1 fabrique d'objets en plâtre, production en valeur de 19.000 roubles.

c) 3 fabriques de ciment, production en valeur de 18.000 roubles.

d) 20 fabriques de chaux, production en valeur de 70.000 roubles.

e) 4 fabriques d'objets en kaolin et majolique.

f) 28 fabriques de tuiles, poteries et briques, production en valeur de 300.000 roubles.

17) *Ateliers polygraphiques, etc.*

a) 31 typographies et lithographies, valeur de la production 151.000 roubles.

b) 5 fabriques de papier à tabac, valeur de la production 12.000 roubles.

c) 9 ateliers de reliure et de cartonnage, valeur de la production 16.000 roubles.

18) *Ateliers pour le travail de la laine, du chanvre, etc.*

a) 23 fabriques de draps, une valeur de la production 27.000 roubles.

b) 4 ateliers de tissages et de filature, valeur de la production 5.000 roubles.

c) 1 usine où l'on lave la laine, valeur de la production 4.000 roubles.

d) 1 filature de coton, valeur de la production 10.000 roubles

e) 2 fabriques d'ouate, valeur de la production 40.000 roubles.

f) 1 fabrique pour la presse du foin, valeur de la production 3.000 roubles.

19) *Entreprises pour la construction de moyens de transport.*

a) 1 bateau, production 15.000 roubles.

b) 2 tramways, production 190.000 roubles.

20) *Ateliers pour la construction des aqueducs.*

Il y en a 3, production (revenu total) 250.000 roubles.

21) *Usines électriques.*

Il y en a 3, production 174.000 roubles.

22) 180 autres ateliers, production 310.000 roubles.

Toutes ces fabriques, usines et ateliers qui emploient 8.612 ouvriers donnent une production de 11.831.000 roubles (1).

(1) Lascof, « la Bessarabie », pages 139-151.

CHAPITRE VI

Le commerce

Dans la période de 1847-1858, l'importation s'élevait à 2.084.000 roubles et l'exportation à 27.447.000. Depuis cette époque, le commerce progresse sans interruption.

a) En 1909, 23.542 certificats ont été délivrés pour les différentes entreprises de commerce, de fournitures et de construction.

b) Pour les entreprises d'industrie des catégories I-VIII, 1328 certificats.

c) Pour les entreprises personnelles d'industrie des catégories II et VII, 2.488 certificats.

d) Pour le commerce des poires, 67 certificats.

e) Pour les marchands en gros, 31 certificats.

f) Pour les petits marchands, 392 certificats.

Le total des certificats est de 24 898.

La production totale des entreprises de commerce et d'industrie a donné pour 1909 la somme de 66.866.000 roubles.

Les centres principaux d'exportation à l'étranger (pas en Russie), ont été jusqu'ici : Noua-Sulitza, Ungheni, Reni, Ismail, Lipcani, Leovo, Falciu, Cahul, Chilia, Vîlcov et Cetatea-Alba (Akerman) et les douanes : Perebicovetz, Avrameni, Sculeni et Nemtzeni.

On a importé par ces points en 1909 différentes marchandises ayant un poids de 4.955.832 pouds et une valeur de 2.771.993 roubles et on a exporté 19.775.770 pouds en valeur de 17.457.660 roubles.

Les droits de douane perçus sur ces marchandises ont atteint le chiffre de 802.000 roubles (1).

---

(1) Lascof, page 153.

CHAPITRE VII

Les impots

En 1861, les contributions du fisc s'élevaient à la somme de 2.574.153 roubles et 71 kopecks. En 1910, la Bessarabie devait payer à l'Etat, ainsi qu'au Zemstvo et aux villes divers impôts et contributions qui s'élevaient à une somme de *plus de 80.000.000 roubles* (1).

---

(1) Lascof, « le Centenaire de la Bessarabie », page 38.

CHAPITRE VIII

La coopérative et le petit crédit

Le petit crédit, sous la forme des coopératives et de caisse d'épargne apparaît en Bessarabie vers 1877, mais son développement commence en même temps que l'émission de la loi du 7 Juin 1904.

En 1906, fonctionnaient 23 coopératives de crédit et 13 caisses d'épargne ; en 1910, 38 coopératives de crédit et 23 d'épargne ; en 1911, se trouvaient déjà 165 coopératives de crédit et 117 d'épargne ; 43 coopératives professionnelles de crédit et 8 caisses de petit crédit de Zemstvo. Le bilan des institutions de petit crédit, outre les 8 institutions était en 1910 de 9.718.423 roubles et le roulement total de la caisse du Zemstvo provinciale de 14.560.803 roubles.

En dehors des caisses d'épargne coopératives, la population dépose ses économies aussi dans les caisses d'épargne de l'Etat qui, en 1910, étaient au nombre de 89.

La somme totale des économies de ces caisses s'élevait à 9.000.000 roubles (1).

Depuis 1915-1916, les caisses de crédit des Zemstvos commencen à perdre le rôle qu'elles jouaient dans la vie coopérative de la Bessarabie et, selon M. Chiorescu, le Président de la Centrale des Sociétés Coopératives de Bessarabie, elles sont aujourd'hui en voie de liquidation.

De nos jours, il y a en Bessarabie plusieurs catégories de coopératives, dont les plus importantes sont : *la coopérative de crédit et la coopérative de consommation*. Le nombre des coopératives de crédit, de prêt et d'épargne est de 400. Ces coopératives sont centralisées en 3 Unions : 1) L'Union Bessarabienne (Kichinev), 2) D'Ackerman (Cetatea-Alba) et 3) D'Ismail.

Le bilan total de ces coopératives de crédit (400) ainsi que des 3 Unions s'était élevé le 1ᵉʳ Janvier 1919 à 80.000.000 roubles.

Les coopératives de consommation sont aujourd'hui au nombre de 600.

---

(1) Lascof, « la Bessarabie », page 165.

Toutes ces coopératives se réunissent à leur tour en 2 Unions :
l'*Union Bessarabienne* (Kichinev) et l'*Union Danubienne* (Ismail).

Le bilan général de ces 600 coopératives et des 2 Unions était
arrivé le 1er Janvier 1919 à la somme de 40.000.000 roubles
(Kiorescu).

En 1918, les Unions des coopératives de crédit et de consommation se sont réunies et ont fondé : a centrale des Unions coopératives de Bessarabie ayant le siège à Kichinev.

Cette institution récente qui progresse et se consolide de plus en
plus, organise les forces matérielles de la population et lutte contre les
usuriers et les spéculateurs de toute sorte ; elle devient ainsi un des
facteurs les plus importants pour le progrès économique de la
Bessarabie (1).

---

(1) Les dates sur les coopératives nous sont données par M. Kiorescu, le
président de la centrale des Sociétés coopératives de Bessarabie.

CHAPITRE IX

Banques et institutions de crédit

Suivant le « Compte rendu » de 1912 sur la province de Bessarabie du Comité statistique bessarabien (pages 104-107) il existait en Bessarabie 65 banques et institutions de Crédit, y compris leurs filiales. Le nombre des Membres de ces banques atteignaient 29.305 individus. Leur capital social de réserve et leur capital roulant était de 85.368.953 roubles. De ces 65 banques, 21 se trouvaient concentrées dans la capitale à Kitchinew, les autres éparpillées dans différentes villes et bourgs de la Bessarabie. Les Banques les plus importantes et les plus riches de Bessarabie étaient les filiales des grandes banques de Pétrograd et de Moscou.

Outre ces banques, il existait encore des Crédits fonciers ruraux pour les grands propriétaires : une banque agraire de l'Etat pour les nobles, une banque agraire pour les paysans et la Banque des Zemstvos de Kherson.

En 1911, 3.879 propriétés étaient hypothéquées à ces banques c'est-à-dire 1.181.704 desetines ou bien 70 % de toute la terre qui appartenait aux particuliers, cela pour une somme de 110.959.857 roubles.

On a évalué ces terres hypothéquées à 186.055.082 roubles, en d'autres termes le prix moyen du desetine hypothéqué était de 157 roubles et la moyenne de la dette sur un desiatine (1) de 93 roubles (2).

----

(1) La desiatine = 1.092 hectares.
(2) Moghileansky « Matériaux pour la statistique et la géographie de Bessarabie », page 138.

CHAPITRE X

Les voies de communication

a) Chemins et chaussées.

D'après les données officielles, il y avait en Bessarabie en 1910 :

1) des chemins vicinaux d'une longueur de 21.303 verstes ;

2) chemins entretenus pour les postes et diligences d'une longueur de 4.999 verstes ;

3) des chaussées d'une longueur de 135.2 verstes.

b) *Voies ferrées.*

La longueur des voies ferrées est à peine de 820 verstes :

1) Ungheni-Tighina (Bender)	157	verstes
2) Reni-Tighina	230	
3) Noua-Sulitza-Ribnitza.	328	
4) Cetatea-Alba (Akerman)-Bessarabscaia . .	100	
5) Tighina-Varnitza	5	
Total	820	verstes (1)

c) *La Navigation.*

Les rivières navigables de la Bessarabie sont : 1) *Le Dniester* sur une étendue de 590 verstes, c'est-à-dire depuis Otaci-Movilau jusqu'à la mer. Depuis Otaci en amont jusqu'à Hotin, les petits bateaux de passagers vont à la voile seulement au printemps ou lorsque l'eau est en crue. Sur la rive bessarabienne du Dniester se trouvent 65 petits ports dont les plus importants sont : Perebicovetz, Hotin, Otaci, Soroca, Darabani, Rezina, Jori, Molovata, Dubosari, Varnitza, Tighina, Ciobruci, Olonesti et Cetatea Alba (Akerman).

La navigation sur le Dniester dure en moyenne environ 248-261 jours.

En 1909, 7 bateaux de voyageurs et de marchandises ont circulé sur le Dniester et 10 remorqueurs.

On a exporté des ports qui se trouvent sur les deux rives du Dniester 8.621.972 pouds de marchandises évaluées à 3.285.623 roubles et importé 8.360.847 pouds de marchandises évaluées à 3.169.480 roubles.

---

(1) Lascof, pages 172-173.

2) *Le Danube* sur la rive bessarabienne a une étendue de 155 verstes.

En 1909, on a exporté des ports bessarabiens de Reni, Ismail, Kilia et Vâlcov et on a importé en tout 6.679.345 pouds de marchandises.

3) *Le Pruth* est navigable depuis Leovo jusqu'à Reni. Il n'y a presque pas de bateaux de voyageurs.

Depuis Leovo en amont, le Pruth est navigable seulement par des petits batiments et des galeries. La navigation dure en moyenne 178-264 jours par an.

L'exportation dans les ports du Pruth dépend de la récolte.

En 1909, on a exporté sur le Pruth 13.519.198 pouds de céréales (1).

(1) Lascof, pages 173, 174, 175 ; Moghileansky, « La production », pages 84-86.

CHAPITRE XI

Postes, télégraphes, téléphone

En 1909, il y avait 25 offices de postes et télégraphes, 37 bureaux de poste et 24 bureaux auxiliaires (1).

Le téléphone établit la communication entre les districts et les volostes (arrondissements).

(1) Lascof, page 177.

CHAPITRE XII

Les hopitaux et médecins

En 1912, il y avait en Bessarabie 57 hôpitaux (1). En 1909, un corps médical de 1.099 personnes, dont 236 médecins, le reste était formé par le personnel sanitaire, et 95 pharmacies (2).

(1) Le comité statistique bessarabien « Le compte rendu sur la province de la Bessarabie pour 1912 », page 110.
(2) Lascof, page 184.

CHAPITRE XIII

La Division Administrative de la Bessarabie

Au point de vue administratif, la Bessarabie se divise actuellement en 9 districts : Hotin, Soroca, Baltzi, Orhei, Kichinew, Tighina (Bender), Ackerman (Cetatea Alba), Ismail et Cahul.

Elle a 214 *voloste* (cantons), y compris les communes des districts Ismail et Cahul; 12 *villes :* Hotin, Soroca, Baltzi, Kichinev, Orhei, Bender, Ackerman, Ismail et Cahul; ensuite Chilia, Reni et Bolgrad; 5 *posades* (petites villes, bourgs) : Tuzla, Vilcov, Saba, Popusoiu et Turlaki; 1857 villages (1) et 719 hameaux.

En 1817, il y avait 1040 villages (2).

---

(1) Lascof « La Bessarabie au centenaire de son annexion à la Russie 1812-1912 » page 7. « Compte rendu sur la Bessarabie pour l'année 1912 » du Comité Bessarabien de statistique, page 100.

(2) Ouvrages de la Commission archivale de Bessarabie, tome III, page 230.

CHAPITRE XIV

MÉTROLOGIE RUSSE

Versta = 500 sajen = 1.067 kilomètres.
Sajen = 3 archin = 2.134 mètres.
Archin = 7.112 décimètres.
Desetine = 1.092 hectares.
Vedro = 12.290 litres.
Poud = 40 Phounts = 16.380 kilogrammes.
Phount = 0.410 kilogrammes.
Cetverti = 2.097 hectolitres.

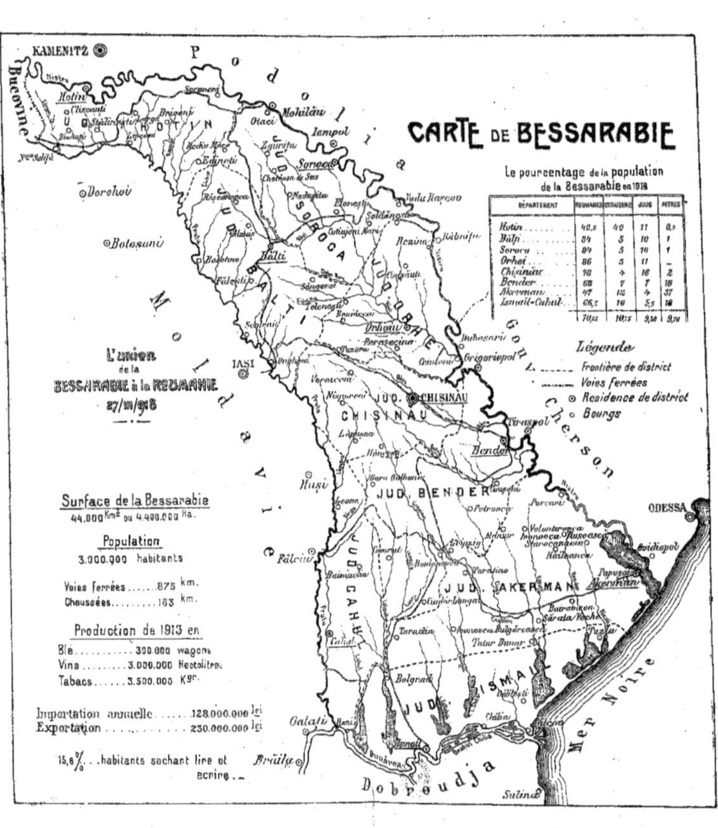

KAMENITZ
Bucovine
Podolia
CARTE DE BESSARABIE
Le pourcentage de la population
de la Bessarabie en 1918

DÉPARTEMENT	ROUMAINS	ÉTRANGERS	JUIFS	AUTRES
Hotin	48,8	40	11	0,2
Bălți	84	5	10	1
Soroca	84	5	10	1
Orhei	86	5	11	—
Chișinău	78	4	16	2
Bender	68	7	7	18
Akerman	47	12	4	37
Ismail-Cahul	66,5	10	5,5	18
	70,25	10,75	9,50	9,70

Légende
Frontière de district
Voies ferrées
Résidence de district
Bourgs

L'union
de la
BESSARABIE à la ROUMANIE
27/III/918

Surface de la Bessarabie
44.000 Km² ou 4.400.000 Ha.

Population
3.000.000 habitants

Voies ferrées ......875 km.
Chaussées.........163 km.

Production de 1913 en
Blé...........300.000 wagons
Vins.........3.000.000 Hectolitres
Tabacs......3.500.000 Kgr.

Importation annuelle......128.000.000 lei
Exportation.............230.000.000 lei

15,6%...habitants sachant lire et
écrire.

Moldavie
Dorohoi
Botoșani
IAȘI
Huși
Fălciu
Galați
Brăila
Dobroudja
Mer Noire
Sulina
ODESSA
Ovidiopol
Cherson
Tiraspol
Dubasari
Grigoriopol
Râbnița
Mohilău
Iampol
Otaci
Soroca
Bălți
Orhei
JUD. CHIȘINAU
CHIȘINAU
Bender
JUD. BENDER
JUD. CAHUL
JUD. AKERMAN
JUD. ISMAIL
Akerman
Bolgrad
Ismail
Cahul
Tarutino

TABLE DES MATIÈRES

J. CHARPENTIER, 70, AVENUE DES GOBELINS